어린이 로스쿨 ❷

법학 교수가 들려주는
헌법과 똑똑한 학교생활

나연, 현우에게

어린이 로스쿨 ❷

법학 교수가 들려주는
헌법과 똑똑한 학교생활

류동훈 글 · 김소희 그림

길벗어린이

> 들어가는 말

여러분은 법조인이 되고 싶다는 생각을 해 본 적이 있나요? 법조인은 판사나 검사, 변호사같이 법을 전문적으로 다루는 사람을 말해요.

공부를 열심히 하기만 하면 훌륭한 법조인이 될 수 있을까요? 그보다 중요한 것은 법 논리적으로 생각하는 힘을 키우는 일이랍니다. 법조인처럼 생각할 수 있는 힘 말이에요. 그런 힘을 키울 수 있다면 법을 이해하는 데 큰 도움이 될 거예요.

법조인이 되는 것이 꿈이 아니더라도 마찬가지예요. 우리가 살아가는 세상은 법질서로 유지되고 있으니까요. 법을 이해하고, 법 논리적으로 생각하는 힘을 기르면 앞으로 만날 수 있는 크고 작은 장애물들을 슬기롭게 피하거나 잘 이겨낼 수 있어요.

법은 우리와 떼려야 뗄 수 없는 관계를 맺고 있어요. 우리가 알아차리지 못하는 순간에도 법은 우리 생활에 영향을 미치고 있답니다. 책을 읽고 있는 바로 이 순간에도 말이에요.
우리는 법과 한 몸인 것처럼 그 속에서 살아가고 있어요.

이제 법을 이해하는 능력을 기르는 것이 얼마나 중요한지 알겠지요? 법 논리적으로 생각하는 힘을 기르면 다른 영역에서도 논리적 사고를 하는 데 도움을 받을 수 있어요.
자, 준비되었나요?
법 논리적으로 생각하는 힘! 그 힘을 키우러 함께 떠나 볼까요?

목차

다수결로 학교 헌장에서 '민주주의'라는 말을 뺄 수 있나요?

[법학초등학교 헌장 제1조] **제1항** 법학초등학교는 민주주의 학교이다.
[법학초등학교 헌장 제1조] **제2항** 법학초등학교의 주권은 학생에게 있고, 모든 권력은 학생으로부터 나온다.
[법학초등학교 헌장 제130조] **제2항** 헌장 개정은 학생 투표에 붙여 학생 과반수의 투표와 투표자 과반수의 찬성을 얻어야 한다. 8

자유민주적 기본질서 & 국민주권주의 15

민주적 질서를 지키지 않는 분단에 소속된 임원의 자격을 박탈할 수 있나요?

[법학초등학교 헌장 제8조] **제4항** 분단의 목적이나 활동이 민주적 기본질서를 지키지 않는다면, 그 분단은 다음 임원 선거 때부터 후보자를 낼 수 없다. 16

정당제도 & 위헌정당해산 21

임원 선거 날 전학 온 학생도 투표할 권리가 있나요?

[법학초등학교 헌장 제24조] 모든 학생은 규칙이 정하는 대로 선거할 수 있는 권리를 가진다.
[법학초등학교 헌장 제41조] **제1항** 학교 임원 회의는 학생의 보통·평등·직접·비밀선거에 의하여 선출된 임원으로 구성한다. 22

선거권 & 보통·평등·직접·비밀선거 29

학급 회장과 부회장은 반드시 학생들의 의견을 따라야 하나요?

[법학초등학교 헌장 제46조] **제2항** 임원은 학급과 학교의 이익을 우선하여 양심에 따라 직무를 행한다. 30

간접민주주의(대의제) 35

학급 회장은 자신의 벌점을 공개해야 할까요?

[법학초등학교 헌장 제17조] 모든 학생은 사생활의 비밀과 자유를 침해받지 않는다.

[법학초등학교 헌장 제21조] **제1항** 모든 학생은 언론·출판의 자유와 집회·결사의 자유를 가진다.

[법학초등학교 헌장 제21조] **제2항** 언론·출판에 대해 허락이나 사전 검사를 받게 하거나, 집회·결사에 대해 허락을 받게 하는 것은 인정되지 않는다.

[법학초등학교 헌장 제21조] **제4항** 언론·출판은 다른 사람의 명예나 권리 또는 공중도덕이나 사회윤리를 침해해서는 안 된다. 언론·출판이 다른 사람의 명예나 권리를 침해한 때에는 피해자는 손해배상을 청구할 수 있다. 37

기본권의 충돌 : 사생활의 비밀과 자유 vs 알 권리 44

임원이 학교 신문의 기사를 미리 골라서 실어도 될까요? 그런 학교 임원을 힘으로 끌어내릴 수 있나요?

표현의 자유 51 | 집회·결사의 자유 & 저항권 58

임원은 벌점을 조사하는 선생님에게 관련된 부탁을 해도 될까요?

삼권분립의 원칙 & 사법권의 독립 65

벌점 조사를 받는 학급 회장이 회의를 진행할 수 있나요?

[법학초등학교 헌장 제12조] **제1항** 누구든지 규칙과 절차에 의하지 않고는 벌점을 부여받지 아니한다.

[법학초등학교 헌장 제27조] **제1항** 모든 학생은 선생님에 의하여 규칙에 의한 벌점 조사를 받을 권리를 가진다.

[법학초등학교 헌장 제27조] **제3항** 모든 학생은 신속하게 벌점 조사를 받을 권리를 가진다.

[법학초등학교 헌장 제27조] **제4항** 벌점 조사를 받는 학생은 벌점 부여가 확정될 때까지는 결백한 것으로 추측된다.

재판청구권 & 적법절차의 원리 71

학교 헌장을 무시하는 학급 임원을 탄핵할 수 있나요?

[법학초등학교 헌장 제65조] **제1항** 학급 임원이 그 직무를 집행함에 있어서 헌장이나 규칙을 위반한 때 학급은 탄핵 요청을 의결할 수 있다.

[법학초등학교 헌장 제65조] **제2항** 제1항의 탄핵 요청은 학급재적학생 $\frac{1}{3}$ 이상의 발의가 있어야 하며, 그 의결은 학급재적학생 과반수의 찬성이 있어야 한다. 다만, 총학생회장에 대한 탄핵 요청은 학교재적학생 과반수의 발의와 학교재적학생 $\frac{2}{3}$ 이상의 찬성이 있어야 한다.

[법학초등학교 헌장 제65조] **제3항** 탄핵 요청의 의결을 받은 자는 탄핵 심판이 있을 때까지 그 권한의 행사가 정지된다.

[법학초등학교 헌장 제65조] **제4항** 탄핵이 결정되면 임원직으로부터 파면된다. 74

탄핵 81

벌점으로 학급 임원의 자격을 자동으로 잃게 해도 되나요?

[법학초등학교 헌장 제25조] 모든 학생은 규칙이 정하는 대로 임원 직무 담당권을 가진다.

[법학초등학교 헌장 제37조] **제2항** 학생의 모든 자유와 권리는 학교안전보장·질서유지 또는 공공복리를 위하여 필요한 경우에 한하여 규칙으로써 제한할 수 있으며, 제한하는 경우에도 자유와 권리의 본질적인 내용을 침해할 수 없다. 82

기본권의 제한 : 공무담임권 90

선생님들이 학교 안에서 담배를 피우지 못하게 할 수 있나요?

[법학초등학교 헌장 제10조] 학교의 모든 구성원은 인간으로서의 존엄과 가치를 가지며, 행복을 추구할 권리를 가진다. 94

기본권의 충돌 : 인간의 존엄과 가치 vs 행복추구권 99

선생님들은 수업을 거부할 수 있을까요?

[법학초등학교 헌장 제31조] **제1항** 학교의 모든 구성원은 능력에 따라 균등하게 교육을 받을 권리를 가진다. 101

교육을 받을 권리 105

[법학초등학교 헌장 제1조]

제1항 법학초등학교는 민주주의 학교이다.

제2항 법학초등학교의 주권은 학생에게 있고, 모든 권력은 학생으로부터 나온다.

[법학초등학교 헌장 제130조]

제2항 헌장 개정은 학생 투표에 붙여 학생 과반수의 투표와 투표자 과반수의 찬성을 얻어야 한다.

   법학초등학교 친구들은 학교생활을 하면서 법질서를 배우고 있어요. 법학초등학교는 학교의 운영 원리와 학생들의 기본권 보장을 위해 '헌장'을 근본 규범으로 정하고 있답니다. 어떤 일이 생길 때마다 학생들은 스스로 모여서 어떻게 하는 것이 좋을지, 어떻게 하면 헌장을 올바르게 해석해서 문제를 해결할 수 있을지 토론을 했어요.

   새학기가 시작되고 각 반마다 새로운 학급 회장과 부회장이 뽑혔어요. 그런데 얼마 지나지 않아 이렇게 뽑힌 임원들이 학교 헌장을 바꾸겠다고 했어요. 학교 헌장 제1조 제1항 '법학초등학교는 민주주의 학교이다'를 '법학초등학교는 임원 중심 체제의 학교이다'로 바꾸겠다는 거예요.

   임원들은 이를 위해서 학생 투표를 실시하겠다고 했어요. 학생들은 무척 당황했어요. 이 일을 두고 토론이 벌어졌어요.

학교 헌장 제1조 제1항 '법학초등학교는 민주주의 학교이다'를 '법학초등학교는 임원 중심 체제의 학교이다'로 바꿔도 될까요?

법학초등학교를 임원 중심 체제로 바꾼다고? 왜 회장, 부회장 너희가 학교의 중심이라는 거야? 우리 학교는 '민주주의' 학교라고.

우리 학교는 학생들 전부가 중심인 학교야. '민주주의'라는 단어를 '임원 중심 체제'로 바꿀 수 없어!

누가 우리 마음대로 그러겠다고 했어? 학생 투표에 부치겠다고 했잖아! 투표 결과에서 헌장을 바꾸자는 의견이 $\frac{1}{2}$을 넘으면 그렇게 하겠다는 거야. 뭐가 문제니?

투표 결과가 그렇게 나오면 바꿔야지. 다수결을 받아들이지 못하는 건 '민주주의'라고 할 수 없어.

아무리 그래도 바꿀 수 없는 내용이 있지 않을까? '민주주의'라는 말이 빠져 버리면 법학초등학교의 뿌리 자체가 흔들릴 것 같은데?

다수결로 하자는 거잖아, 다수결!

다수결이라고 다 '민주주의'는 아니야. 법학초등학교의 '민주주의'는 학생이 학교의 주인임을 분명히 하는 '학생주권주의'를 기초로 해. 학교의 '자유민주적 기본질서'를 위해서 말이야!

선생님 말씀

학고 헌장 내용을 일부 바꿀 수는 있지만, 핵심적인 부분은 그럴 수 없답니다. '민주주의'는 학고 헌장의 핵심이에요. 그걸 바꿔 버리면 학고 헌장이라고 할 수 없을 거예요.

우리 학고 헌장에 나와 있는 민주주의는 학생이 학고의 주권자인 '학생주권주의'를 토대로 한 '자유민주적 기본질서' 위에 서 있답니다. 이를 부정한다면 그건 우리 학고 헌장에서 말하는 민주주의가 아닌 거예요.

학고 임원진은 자신들이 원하는 내용으로 헌장을 바꿀 수 없어요.

어린이 로스쿨

자유민주적 기본질서 & 국민주권주의

헌법은 국가 통치 조직과 통치 작용의 기본 원리를 밝히고 국민의 기본권을 보장하는 근본 규범이에요. 이런 헌법을 고칠 수 있을까요?

헌법을 고치는 것을 '개정'한다고 말해요. 헌법 개정에는 한계가 있어요. 개정할 수 있는 부분이 있고, 개정할 수 없는 부분이 있거든요. 헌법의 핵심적이고 본질적인 고유한 속성은 개정할 수 없어요. 헌법의 목적과 가치를 지키기 위해서예요.

헌법의 대표적인 고유한 속성은 '민주주의'예요. '민주주의'란 글자 그대로 '국민이 주인이다'라는 뜻이에요. 미국 대통령 링컨은 민주주의를 '국민의, 국민에 의한, 국민을 위한 정부'(the government of the people, by the people and for the people)라고 표현했어요. '국민에 의한 통치'가 '민주주의'인 거예요.

대한민국헌법은 그 기본 원리로서 '자유민주적 기본질서'를 천명하고 있어요. 우리 헌법 제1조 제1항이 '대한민국은 민주공화국이다.'[1] 라고 밝히고 있지요.

그리고 자유민주적 기본질서의 법적 기초는 '국민주권주의'랍니다. '대한민국의 주권은 국민에게 있고, 모든 권력은 국민으로부터 나온다.'[2] 바로 우리 헌법 제1조 제2항의 내용이지요. 즉 국가의 일을 결정할 수 있는 원천적인 힘은 '국민'이 가진다는 거예요.

'자유민주적 기본질서'가 인정되지 않으면 우리 헌법에서 말하는 '민주주의'가 아니에요.

대한민국헌법의 본질적이고 핵심적인 내용, '자유민주적 기본질서'의 이념을 바꾸는 헌법 개정은 원천적으로 허용될 수 없답니다.

---

1) **대한민국헌법 제1조** ① 대한민국은 민주공화국이다.
2) **대한민국헌법 제1조** ② 대한민국의 주권은 국민에게 있고, 모든 권력은 국민으로부터 나온다.

[법학초등학교 헌장 제8조]

제4항 분단의 목적이나 활동이 민주적 기본질서를 지키지 않는다면, 그 분단은 다음 임원 선거 때부터 후보자를 낼 수 없다.

　양이와 별이는 법학초등학교 헌장 제8조 제4항을 근거로 현재의 회장, 부회장이 이미 자격을 잃었다고 주장했어요. 두 사람이 학교 헌장의 핵심적인 내용을 바꾸려고 했기 때문이에요.

　새로운 임원을 뽑아야 한다는 주장이 나오기도 했어요. 법학초등학교 친구들은 이 일을 두고 다시 머리를 맞댔어요.

민주적 기본질서를 지키지 않으려고 했던 회장과 부회장은 그 자격을 유지할 수 있을까요?

회장, 부회장은 지난 선거 때 1분단에서 나온 후보였지? 이제 1분단은 임원 후보를 낼 자격이 없어. 회장, 부회장이 민주적 기본질서를 위반하는 내용으로 우리 학교 헌장을 개정하려고 했으니까 말이야.

아직도 회장, 부회장이라고 부르는 거야? 벌써 그 자격을 잃은 거 아니야?

회장, 부회장이 자격을 잃는다면 그 자리가 비게 되잖아? 학기가 시작된 지 한 달도 채 안 되었는데 말이야.

선생님 말씀

학교 헌장 제8조 제4항은 민주적 기본질서를 지키기 위한 방법 중 하나예요. 민주적 기본질서를 위협하는 분단에서는 더 이상 임원 후보자를 낼 수 없도록 함으로써 민주주의를 지킬 수 있는 거예요.

이때 그 분단에 소속된 임원은 계속 임원 일을 해도 될까요? 그렇게 되면 민주주의의 방패에 구멍이 생길 거예요. 민주주의를 확실하게 지키려면 임원이 그 일을 할 수 없도록 해야 해요. 다시 말해 분단이 임원 후보를 낼 자격을 잃는다면, 그 분단에 소속된 임원도 자격을 잃는 거예요.

1분단 소속 회장과 부회장은 우리 학교 헌장의 기본질서를 근본적으로 훼손하려고 했어요. 1분단은 헌장 제8조 제4항에 따라 더 이상 임원 후보자를 낼 수 없고, 회장, 부회장은 곧바로 그 자격을 잃는답니다.

학기가 아직 남았는데 임원 자리가 비게 되겠군요. 임원 선거를 다시 해야겠어요.

어린이 로스쿨

정당제도 & 위헌정당해산

정당은 국민의 이익을 위해서 정치적 주장을 하고, 선거 후보자를 추천하거나 지지함으로써 국민의 정치적 의견을 모으는 곳이에요. 우리나라는 복수정당제를 보장하고 있기 때문에 여러 개의 정당이 있어요. 하나의 당이 독재하는 것을 막기 위해서 이를 보장하는 거예요.

정당은 누구나 자유롭게 만들 수 있어요.[3] 하지만, 정당의 목적이나 활동이 민주주의의 기본질서에 어긋난다면 그 정당은 '헌법재판소'의 심판에 의해서 해산돼요.(헌법재판소는 헌법을 수호하고 국민의 기본권을 보장하기 위해 헌법재판을 전담하는 국가의 최고 사법 기관이랍니다.[4]) 이것을 위헌정당해산이라고 해요.

하지만, 대한민국헌법 제8조 제4항은 '정당의 목적이나 활동이 민주적 기본질서에 어긋날 때 정부는 헌법재판소에 그 정당을 해산시켜 달라고 소송을 제기할 수 있고, 정당은 헌법재판소의 심판에 의하여 해산된다.'라고만 밝히고 있어요.[5] 그 정당에 소속된 '국회의원'에 대해서는 어떻게 해야 하는지 말하고 있지 않아요.

그러나 헌법과 민주주의를 확실히 지키기 위해서는 정당 해산은 물론 해산되는 정당에 소속된 국회의원 역시 그 자격을 잃어야 할 거예요. 위헌정당해산 제도의 본질에서 기본적으로 인정되는 효과인 거죠.

국회의원의 정원이 모자라거나 자리가 비게 되면 그 자리를 채우는 '보궐선거'를 실시해요. 보궐선거를 통해서 당선된 사람은 그 전에 의원이었던 사람의 남은 임기 동안만 의원의 지위를 갖게 된답니다.

---

3) **대한민국헌법 제8조** ① 정당의 설립은 자유이며, 복수정당제는 보장된다.
4) **대한민국헌법 제111조** ① 헌법재판소는 다음 사항을 관장한다.
        1. 법원의 제청에 의한 법률의 위헌여부 심판
        2. 탄핵의 심판
        3. 정당의 해산 심판
        4. 국가기관 상호간, 국가기관과 지방자치단체간 및 지방자치단체 상호간의 권한쟁의에 관한 심판
        5. 법률이 정하는 헌법소원에 관한 심판
5) **대한민국헌법 제8조** ④ 정당의 목적이나 활동이 민주적 기본질서에 위배될 때에는 정부는 헌법재판소에 그 해산을 제소할 수 있고, 정당은 헌법재판소의 심판에 의하여 해산된다.

[법학초등학교 헌장 제24조]
모든 학생은 규칙이 정하는 대로 선거할 수 있는 권리를 가진다.

[법학초등학교 헌장 제41조]
제1항 학교 임원 회의는 학생의 보통·평등·직접·비밀선거에 의하여 선출된 임원으로 구성한다.

　새로 임원을 뽑는 선거가 열리는 날이에요. 코순이와 숭이가 한 조가 되어 임원 후보로 나왔어요. 그런데 마침 이날 전학을 온 학생이 있었어요.
　숭이는 전학생에게 투표권을 주는 것은 학교와 학급을 위해서 바람직하지 않다고 건의했어요. 전학생은 학교 사정에 대해서 모르고, 두 후보에 대해서도 알지 못할 테니까요.
　법학초등학교 학생이라면 누구나 선거에 참여할 수 있을 것 같은데 숭이 의견에도 일리가 있는 것 같았어요. 그러자 코순이는 전학생의 표를 0.5표로 계산하자고 건의했어요.

 전학생에게도 투표권을 주어야 할까요? 그럴 경우 전학생의 표 값은 다르게 계산해야 할까요?

우리 학교 학생이라면 누구나 선거권을 갖게 돼. 비록 선거하는 날 전학을 왔더라도 말이야.

아무것도 모르는 상태에서 어떻게 투표를 해? 투표자가 후보자에 대해 알고 있어야 올바르게 투표할 수 있지. 잘못된 표 하나가 우리 학교와 학급, 학생들의 운명을 가를 수도 있다고.

학교 헌장 제24조에는 '규칙이 정하는 대로' 선거권이 있다고 나와 있어. 학교 '임원 선거 규칙'에는 '임원 선거하는 날 학교에 학교생활기록부가 있는 학생은 선거권이 있다'라고 정해 놓았고.

전학생도 우리 학교에 학교생활기록부가 있는 거잖아? 그럼 선거권이 있는 거 아니야? '보통선거의 원칙'에 따라야 할 것 같은데?

선생님 말씀

우리 학교 학생이라면 누구나 학교 임원을 뽑을 권리가 있어요. 학교생활기록부가 있는 학생이라면 말이죠. 어떤 학생에게는 선거권을 주고, 또 어떤 학생에게는 선거권을 주지 않는 것은 어떠한 이유에서든 허용되지 않아요. 이것이 바로 학교 헌장 제41조 제1항에서 말하는 '보통선거'의 의미랍니다.

그럼, 어떤 학생은 한 표를 행사하고, 다른 학생은 두 표를 행사해도 될까요? 그건 같은 것을 같게, 다른 것을 다르게 대하는 '상대적 평등'이 아니라 '불평등'일 뿐이에요. 학생이 던지는 표는 모두 같은 값이어야 하기 때문이에요.

어떤 학생은 한 표를 행사하고, 다른 학생은 두 표를 행사한다면, 한 표를 행사하는 학생의 표 값은 다른 학생이 내는 표 값의 $\frac{1}{2}$밖에 되지 않아요. 표 값이 '불평등'해지는 거예요. 이렇게 되면 학교 헌장 제41조 제1항에서 정하고 있는 '평등선거'가 될 수 없어요.

전학생은 투표를 할 수 있어요. 그리고 전학생을 포함해서 모든 학생은 선거에서 단 한 표씩만 행사할 수 있답니다.

어린이 로스쿨

선거권 & 보통·평등·직접·비밀선거

　대한민국의 '모든 국민'은 법률이 정하는 대로 **선거권**을 가져요.[6] 이것은 국민의 '기본적인 권리'로 '참정권'이라고 불러요.

　기본적인 권리, '기본권'은 천부인권, 즉 '하늘이 준 사람의 권리'로 보아요. 인간이 태어나면서 자연스럽게 가지는 권리인 '인권'이 헌법의 영역에 들어와 국민의 '기본권'이 된 거예요. 이런 '기본권'은 함부로 제한할 수 없어요.

　물론, **선거권**은 '국적'이나 '나이'에 따라 제한될 수 있어요. 외국인이나 세 살 아이에게 우리나라 대통령이나 국회의원의 선거권을 줄 수는 없으니까요.

　또한 대한민국헌법은 **보통·평등·직접·비밀선거**의 원칙을 정하고 있어요.[7]

　보통선거의 원칙은 모든 국민이 직업, 재산, 성별, 종교, 교육 등에 의해서 선거권의 제한을 받아서는 안 된다는 것을 말해요. 반대로 선거권을 제한하는 것을 '제한선거'라고 해요. 우리 헌법에서는 이를 허용하지 않아요.

　평등선거의 원칙은 모든 선거인이 평등하게 한 표를 행사하고 그 표의 가치는 모두 같아야 한다는 거예요. '1인 1표, 1표 1가치의 원칙'이에요. 따라서, 일부 사람에게만 여러 표를 던지게 하는 '복수투표제'는 '평등'하지 않은 '불평등 선거', '차등 선거'이기 때문에 허용되지 않는답니다.

　직접선거의 원칙은 말 그대로 선거인 스스로 '직접' 대표를 선출하는 것을 말해요. **비밀선거의 원칙**은 선거인의 결정이 다른 사람에게 알려지지 않도록 하는 것이고요.

　여기에 더해 선거인은 외부의 간섭이나 힘을 받지 않고 자유롭게 선거에 대한 결정을 할 수 있어야 해요. 이를 '자유선거의 원칙'이라고 부른답니다.

---

[6] **대한민국헌법 제24조** 모든 국민은 법률이 정하는 바에 의하여 선거권을 가진다.
[7] **대한민국헌법 제41조** ① 국회는 국민의 보통·평등·직접·비밀선거에 의하여 선출된 국회의원으로 구성한다.
　대한민국헌법 제67조 ① 대통령은 국민의 보통·평등·직접·비밀선거에 의하여 선출한다.

[법학초등학교 헌장 제46조]
제2항 임원은 학급과 학교의 이익을 우선하여 양심에 따라 직무를 행한다.

마침내 학급 회장과 부회장을 다시 뽑는 선거가 치러졌어요. 우여곡절 끝에 코순이가 회장, 숭이가 부회장으로 당선되었지요. 양이와 별이는 열심히 선거 운동을 도우며 표를 모아 주었어요.

그런데 코순이와 숭이는 학교 임원 회의 안건에 대해서 둘이서만 의논을 했어요. 양이와 별이가 다른 의견을 냈는데도 무시했지요. 그러고는 그 결과를 반 전체 의견으로 제출했어요.

양이와 별이는 화가 났어요. 자기 마음대로 행동하는 임원은 자격이 없는 게 아니냐며 따져 묻기까지 했어요.

학급 임원을 새로 뽑은 지 며칠 되지도 않아 반 분위기가 다시 안 좋아졌어요.

양이와 별이 말처럼 코순이와 숭이는 크게 잘못을 저지른 걸까요?

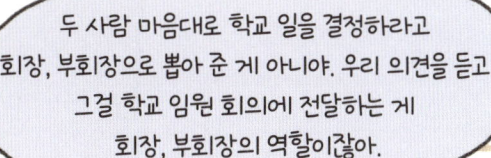

두 사람 마음대로 학교 일을 결정하라고 회장, 부회장으로 뽑아 준 게 아니야. 우리 의견을 듣고 그걸 학교 임원 회의에 전달하는 게 회장, 부회장의 역할이잖아.

학교 임원 회의 안건에 대해 나 스스로 판단하고 결정할 수도 있는 거 아니니? 나를 믿고 뽑아 준 거니까 말이야. 어떻게 우리 반 서른 명의 의견을 다 들어주니?

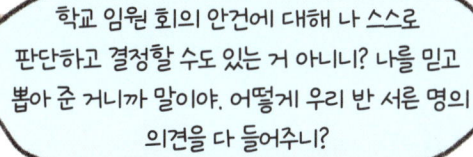

코순아, 너는 너를 뽑아 준 학생들의 생각대로 학교 일을 결정할 의무가 있어! 내 생각을 무시할 줄 알았다면 너를 뽑지 않았을 거야.

학교 헌장 제1조 제2항 모르니? 법학초등학교의 주권은 '학생'에게 있고, 모든 권력은 '학생'으로부터 나오는 거야. '임원'이 아니고!

너는 어떻게 생각하니?

선생님 말씀

학교 일을 결정하는 최고 단계는 바로 '학생'의 생각이에요. 학교의 주인은 '선생님'도, '임원'도 아닌, 바로 '학생'이니까요. 그게 바로 '학생주권주의'죠.

하지만, 학생 수가 많은 경우에는 어려움이 발생할 수 있어요. 많은 학생들의 생각을 한데 모으고 정리해서 결정하는 데에는 시간이 걸리고, 비용도 들 거예요. 학생 수가 많은 만큼 돌발 변수도 생길 수 있고요. 이런 현실적인 문제를 따져 볼 때 무조건 "학생들이 '전부 다', '직접' 학교 일에 관여하여야 해."라고 하는 것은 합리적이지 못할 수 있어요.

그래서 우리는 선거를 통해 학생들의 '대표'를 뽑고, 그 대표를 통해서 학생들의 뜻이 학교에 전달되도록 하는 거예요. 학생들은 '간접'적으로 임원을 통해 학교 일에 관여할 수 있어요. '직접' '투표권'을 행사해서 임원을 뽑고, 그 임원을 통해 '간접'적으로 학교 일을 결정하는 거죠.

이때 학급 회장과 부회장은 자신을 뽑아 준 친구들의 의견에 '무조건' 따라야 할까요? 반드시 그렇지는 않아요. 임원으로 당선될 때에는 자신에게 표를 준 학생도 있지만, 그렇지 않은 학생도 있을 거예요. 하지만 임원은 자신에게 표를 주지 않은 학생까지 포함한 모든 학생, '반 전체'를 대표한답니다.

그러므로 임원은 '학생 전체'를 위해 스스로 판단하고 독자적으로 학교 일을 결정할 수 있어요. 자기에게 표를 준 학생의 의견을 반드시 따라야 하는 것은 아니랍니다.

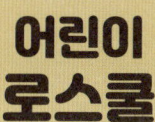

어린이 로스쿨

간접민주주의(대의제)

앞에서 한 번 본 적 있지요? '대한민국의 주권은 국민에게 있고, 모든 권력은 국민으로부터 나온다.' 우리 헌법 제1조 제2항의 '국민주권의 원리' 말예요.

'**국민주권의 원리**'를 실천하는 방법에는 직접민주제와 **간접민주제**가 있어요. 직접민주제란 국가의 일을 국민이 '직접' 결정하고 참여하는 것을 말해요. **간접민주제**란 국민이 그들의 대표를 통해서 '간접'적으로 국가의 일을 결정하는 것을 말하고요.

우리나라 인구는 5,000만 명이 넘는답니다. 그 많은 사람이 '직접' 국가의 일 하나하나를 결정하기는 어려워요. 인구나 땅의 크기가 매우 작은 나라가 아니라면 기본적으로 **간접민주제**를 택하고 있어요.

간접민주제를 어려운 말로 '대의제'라고 부르기도 해요. '국민의 의견을 대신해서 국가의 일을 결정하는 제도'라는 의미예요. 국민의 의견을 대신하는 기관은 '대의기관'이라고 부른답니다.

대의기관은 '선거'를 통해서 선출해요. 그래서 선거의 원칙을 잘 지켜야 **대의제**가 잘 이루어질 수 있어요. 국민은 선거권을 행사하면서 주권을 행사하니까 '선거'의 원칙이 무너지면 '국민의 주권'도 위협받게 된답니다. 선거란 '국민주권의 원리'를 실현하는 수단인 거예요.

하지만, 대의기관은 누구의 지시나 명령도 받지 않아요. 오로지 자기의 판단에 따라 독자적으로 일을 결정해요. 이것을 '자유위임'의 원리라고 해요. 국민들이 대표에게 '자유롭게 맡긴다'라는 의미랍니다.

그리고 대표는 어떤 결정을 할 때 국민에게 얽매이지 않아요. 이것을 '무기속위임'의 원리라고 해요. 국민에게 '얽매이거나 묶임 없이 맡는다'라는 뜻이에요.

왜 국민의 대표는 국민에게 얽매이지 않고 스스로 판단하고 결정할 수 있을까요?

국민의 대표는 국민 '일부'의 이익뿐만 아니라 국민 '전체'의 이익을 위해서 행동해야 하기 때문이에요. 자기를 뽑아 준 국민의 이익을 위해 일하는 것이 아니라 국민 '전체'의 이익을 실현하도록 스스로 결정해야 하는 거랍니다.[8] 국민의 한 사람으로서 자신이 뽑은 대표가 마음에 들지 않는다면 다음 선거 때 그 사람을 다시 뽑지 않으면 돼요.

---

8) **대한민국헌법 제46조** ② 국회의원은 국가 이익을 우선하여 양심에 따라 직무를 행한다.

[법학초등학교 헌장 제17조]

모든 학생은 사생활의 비밀과 자유를 침해받지 않는다.

[법학초등학교 헌장 제21조]

제1항 모든 학생은 언론·출판의 자유와 집회·결사의 자유를 가진다.

제2항 언론·출판에 대해 허락이나 사전 검사를 받게 하거나, 집회·결사에 대해 허락을 받게 하는 것은 인정되지 않는다.

제4항 언론·출판은 다른 사람의 명예나 권리 또는 공중도덕이나 사회윤리를 침해해서는 안 된다. 언론·출판이 다른 사람의 명예나 권리를 침해한 때에는 피해자가 손해배상을 청구할 수 있다.

    학교 신문 기자인 양이가 교무실에서 영어 원어민 선생님을 기다리고 있었어요. 학교 신문에 원어민 선생님의 영어 인터뷰를 실을 계획이었거든요.
    그때 교무실 한구석에서 담임 선생님과 코순이가 심각한 얼굴로 이야기를 나누는 게 눈에 띄었어요. 코순이가 누군가에 대한 헛소문을 숭이한테 말한 것 같았어요.
    양이는 코순이의 벌점이 총 몇 점인지 궁금해졌어요. '임원 규칙'에는 벌점 30점 이상을 받는 학생은 자동으로 임원 자격을 잃는다고 나와 있거든요.

만약 코순이가 학교 규칙을 어겨서 벌점이 30점을 넘게 된다면 임원 자격을 지킬 수 없게 되는 거예요.

다음 날, 양이는 코순이에게 무엇 때문에 선생님에게 불려간 건지, 벌점이 총 몇 점인지 알려 달라고 말했어요. 코순이는 그런 사실이 알려지는 걸 바라지 않는다며 딱 잘라 거절했어요. 양이는 코순이의 행동이 당황스러웠어요.

코순이는 자신의 벌점에 대해서 공개해야 할까요?

우리 반 학생들은 코순이가 벌점이 몇 점인지, 무슨 잘못으로 선생님께 혼나고 있는지 '알 권리'가 있어! 코순이는 그냥 '학생'이 아니라 '임원'이니까 말이야.

나는 임원 이전에 '학생'이야. '학생'으로서 사생활을 비밀로 할 권리가 있다고!

누구나 사생활을 비밀로 할 자유가 있기는 하지!

'임원'이 되어서도 사생활의 비밀이 완전히 지켜질 거라 생각했다는 거야? 임원이 되면 밝히기 싫더라도 밝혀야 되는 사실이 있다는 걸 감수했어야지!

선생님 말씀

학교 헌장 제17조는 학생이 '사생활의 비밀과 자유'를 침해받지 않을 권리에 대해 정하고 있어요. 학생의 '기본권' 중 하나이지요. '사생활의 비밀'을 침해받지 않는다는 건 공개하고 싶지 않은 비밀이 함부로 공개되어서는 안 된다는 걸 말해요.

또한 '사생활의 자유'에는 다른 학생의 권리를 침해하지 않는 한 자기가 원하는 대로 자유롭게 행동할 수 있는 자유도 포함돼요. 자유롭게 개인적인 생활을 하는 데에 다른 사람의 위협을 받아서는 안 된다는 거예요.

한편 양이가 얘기했던 '알 권리'는 '필요한 정보를 얻을 수 있는 권리'를 뜻해요. 학교 헌장에서는 '알 권리'라는 말을 찾아볼 수 없어요. 그렇다면 우리 학교 헌장은 '알 권리'를 인정하지 않는 걸까요?

우리가 생각을 '표현'하기 위해서는 무언가를 '알아야' 해요. 무언가를 알아야 생각을 할 수 있고, 그것을 표현할 수 있으니까요. '아는 것'과 '표현하는 것'은 떼려야 뗄 수 없는 밀접한 관계예요.

따라서, '알 권리'란 말이 우리 학교 헌장에 직접적으로 표시되어 있지 않더라도 '표현의 자유'를 정하고 있는 제21조 제1항에서 이것을 인정하는 것으로 볼 수 있어요. '알 권리' 역시 학교 헌장에서 인정하는 학생의 기본권인 거예요.

코순이는 자신의 벌점에 관한 정보를 강제로 공개하게 하는 것은 '사생활의 비밀'을 침해하는 거라고 주장했어요. 다른 학생들은 임원의 벌점과 잘못에 대해 '알 권리'가 있다고 주장했고요. '사생활의 비밀과 자유'와 '알 권리'라는 두 가지 기본권이 서로 '부딪히는' 상황이에요.

이럴 때는 '누구'에 대한 '어떠한 정보'를 알고자 하는 것인지에 따라 해결 방법이 달라져요. '많은' 학생들이 '관심'을 가질 만한 정보라면 '알 권리'를 보호해야 하고, 그게 아니라면 '사생활의 비밀과 자유'를 더 보호해야 한답니다.

옆자리에 앉은 친구에게 어제 저녁에 뭘 먹었는지 물어보아도 대답을 안 해 주네요. 이것은 많은 학생들이 관심을 가질 만한 정보가 아니고 개인적으로 궁금한 일일 거예요. 이때에는 '알 권리'보다 '사생활의 비밀과 자유'를 보호해야 해요. 옆자리에 앉은 친구는 그 말에 대답하지 않아도 되는 거예요.

코순이의 벌점과 관련된 정보는 어느 쪽일까요? 임원이 계속 활동할 수 있느냐 없느냐에 관련된 정보라면 학급 학생들은 물론 학교에서도 관심을 가질 것 같네요. 이 경우에는 '알 권리'가 더 보호되어야 해요. 따라서 코순이의 벌점이 몇 점인지, 무엇 때문에 선생님께 혼나고 있는지를 공개해도 코순이의 '사생활의 비밀과 자유'가 '침해'되었다고 보기는 어려워요. 어쩔 수 없이 '제한'되는 경우랍니다.

어린이 로스쿨

기본권의 충돌 : 사생활의 비밀과 자유 vs 알 권리

　모든 국민은 **사생활의 비밀과 자유**에 관한 권리를 가져요.9) 헌법상 보장되는 기본권이지요. 개인적인 일을 공개하지 않거나 공개할 범위를 정할 수 있는 권리, 평온하게 있어야 할 장소를 침범받지 않을 권리, 다른 사람의 권리를 침해하지 않는 한 하고 싶은 대로 행동할 수 있는 권리가 여기에 포함돼요.

　또한 모든 국민은 헌법상 **알 권리**를 가져요. **알 권리**는 얻고자 하는 정보에 접근하여 필요한 정보를 모으고, 그중에서 선택할 수 있는 권리를 말해요.

　대한민국헌법에는 **알 권리**가 직접적으로 규정되어 있지 않아요. 하지만 '안다는 것'은 생각을 '표현'하기 위한 전제 조건이에요. 자유로운 생각의 '표현'은 자유로운 생각을 해야 가능하고, 이를 위해 정보에 접근할 수 있는 충분한 기회가 보장되어야 해요. '표현의 자유'에 **알 권리**가 포함되는 거예요. 따라서 **알 권리**는 헌법에 분명하게 정해져 있지는 않지만 국민이라면 누구나 누릴 수 있는 기본권이에요.

　'국민주권의 원리'도 **알 권리**의 근거가 되어요. 국민이 주권을 잘 행사하기 위해서는 국가의 일에 대해 잘 알아야 하니까요.

　그런데 **사생활의 비밀과 자유**와 **알 권리**는 서로 부딪힐 수 있어요. 이것을 '기본권의 충돌'이라고 해요. 국가에 대해 서로 자기의 기본권이 먼저 보호되어야 한다고 주장하는 경우인 거죠. 이때에는 그 정보의 주인이 공적 인물인지, 사적 인물인지, 알고자 하는 정보가 공적 관심사인지, 사적 관심사인지에 따라 달리 판단된답니다. 만약 알고자 하는 정보가 공적 영역에 관한 것이라면 **알 권리**를 우선시하고, 사적 영역에 관한 것이라면 그 반대를 택하는 거예요.

　학급 임원이 그 자격을 유지할 수 있느냐와 관련된 벌점 정보는 공적 영역에 가깝다고 볼 수 있어요. 이런 경우에는 **사생활의 비밀과 자유**보다 **알 권리**를 우선시해야 한답니다.

---

9) **대한민국헌법 제17조** 모든 국민은 사생활의 비밀과 자유를 침해받지 아니한다.

코순이는 여전히 자신의 벌점이 몇 점인지, 어떠한 잘못으로 벌점을 얼마나 더 받게 될 것인지 공개하기를 거부했어요. 양이는 학생들에게 이 사실을 알리기로 했어요. 그래서 기사를 써서 신문 편집부에 넘겼어요.

드디어 신문이 나오는 날! 그런데 신문 어디에도 양이가 쓴 기사가 보이지 않았어요. 원어민 선생님의 인터뷰 기사만 눈에 띄었어요.

양이는 어떻게 된 일인지 알아보았어요. 그 결과 학교 임원 회의에서 양이의 기사를 거부했다는 걸 알게 되었어요.

학교 임원 회의는 신문에 실릴 기사를 심사하여 선정하는 일을 맡고 있었거든요. 학교 임원 회의는 사실이 확인되지 않은 추측성 기사는 실을 수 없고, 양이가 쓴 기사는 코순이의 명예를 훼손할 수 있다고 말했어요. 양이는 '표현의 자유'가 침해받았다고 항의했어요.

학교 임원 회의에서 양이의 기사가 신문에 나오지 못하게 한 것은 정당한 일일까요?

아무 기사나 다 실을 수는 없잖아? 기사의 내용을 심사해서 선정하는 역할이 필요하다고. 학교 임원 회의는 편파적으로 심사하지 않아. 다 정해진 절차에 따라서 공정하게 심사하는 거라고.

학교 임원 회의는 무슨 기준으로 코순이 관련 기사를 탈락시킨 거야? 이해가 안 돼!

그럼 임원 회의 마음대로 기사를 골라서 실을 수 있다는 거잖아? 코순이도 학교 임원 회의에 속해 있는데….

그건 말이 안 돼. 임원 회의에서 그런 기사를 함부로 빼 버린다면 그건 우리의 비판할 권리, 즉 '표현의 자유'를 침해하는 거야!

그렇게 되면 아무것도 모르는 나머지 학생들의 '알 권리'도 침해하게 될 거야. 다른 학생들도 자기들의 '임원'에 대해서 '알 권리'가 있어.

그럼, 상대방을 공격하기 위해서 쓴 거짓 기사가 신문에 실리는 것을 가만히 보고 있어야 한다는 거야? 그 정도는 거를 수 있어야 할 것 같은데? 그러지 않으면, 누군가의 명예를 훼손하는 일이 일어날 거야! 학교 헌장 제21조 제4항은 언론이 다른 사람의 명예를 훼손해서는 안 된다고 밝히고 있다고.

그래도 기사 내용을 심사해서 선별하는 건 잘못된 일이야. 우리는 임원을 비판할 권리가 있어. 표현할 권리가 있다고. 게다가 내 기사는 악의적으로 코순이를 공격하려던 게 아니야.

임원이 잘못을 했고, 그로 인해 벌점을 받아 자격을 잃을지도 모른다, 이게 어떻게 상대방을 공격하기 위해 쓴 기사니? 학생들이 관심을 가질 만한 일에 대해서 정당하게 의문을 제기한 거지. 모두 왜 그런 일이 일어났는지 궁금해하고 있다고.

선생님 말씀

학고 헌장 제21조 제1항에서 보장하는 '언론·출판·집회·결사의 자유'를 통틀어서 '표현의 자유'라고 해요. '표현의 자유'는 민주주의 학교에서 반드시 보장되어야 해요. 학생들이 다양한 생각을 자유롭게 표현할 수 있어야 '민주주의'라고 할 수 있을 테니까요.

생각을 '표현'하기 '전'에 학교 측으로부터 '검사'를 받아야 하고, '검사'를 받지 않고는 '표현'할 수 없다면, 그 '검사'는 그 자체만으로도 '표현의 자유'를 침해하는 거예요. 어떠한 경우에도 학교 측이 학생이 표현하려는 내용을 미리 '검사'하여 '표현'을 해도 되는지 '허락'하는 것은 허용되지 않아요. 헌장 제21조 제2항에서 이것을 금지하고 있어요. 이를 어기고 표현의 자유를 침해하는 학교 임원 회의의 심사 절차는 즉시 없어져야 해요.

다만, '표현의 자유'가 무제한으로 보장되는 것은 아니에요. 다른 사람의 명예를 훼손하기 위해 거짓 사실을 퍼뜨릴 자유는 보장되지 않아요.

양이는 학교 신문 기자로서 '공적 관심사'에 대해 학생들의 '알 권리'를 위해 기사를 썼어요. 이런 경우 '알 권리'는 '사생활의 비밀과 자유'보다 중요해요.

양이는 코순이를 괴롭히거나 명예를 훼손하기 위해서 거짓말을 꾸며낸 게 아니에요. 이때 양이의 표현의 자유는 코순이의 명예보다 우선시할 수 있어요. 양이에게 코순이에 대한 명예훼손의 책임을 묻기는 어려워 보이는군요.

표현의 자유

대한민국헌법 제21조 제1항은 **표현의 자유**가 무엇인지 정하고 있어요.[10] 국민들이 서로의 생각을 자유롭게 표현하고 교환하는 것은 '민주주의 국가'에서 없어서는 안 될 자유예요.

그래서 민주주의 국가에서는 **표현의 자유**를 제한할 때 매우 엄격한 기준을 두어요.

헌법 제21조 제2항에 따르면 언론이나 출판에 대한 '허가'나 '검열'은 인정되지 않아요.[11] '허가'나 '검열'은 미리 '검사'를 받고 이 '검사'를 통과해야만 표현을 할 수 있도록 하는 거예요. 법학초등학교 학교 임원 회의에서 신문을 내기 전에 기사를 미리 심사해서 선정하는 것은 헌법에서 금지하고 있는 '허가'나 '검열'에 해당해요.

신문사나 방송사가 보도를 하기 전에 그 내용을 미리 국가로부터 '허가'나 '검열'을 받는다고 생각해 볼까요? 국가는 말하고 싶은 것만 골라 신문에 싣거나 방송에 내보낼 거예요. 국민들은 그것만 보고 들을 수밖에 없을 거고요. 다른 의견은 생각할 수도 없고, 진실이 무엇인지 알 수 없게 될 거예요. 민주주의 국가에서 굉장히 위험한 일이 되겠지요? 독재국가에서는 **표현의 자유**가 보장되지 않아요.

다만, 다른 사람의 명예를 훼손할 **표현의 자유**까지 보장되는 것은 아니에요. 여기서 **표현의 자유**냐, '명예권'이냐 하는 '기본권 충돌'의 문제가 발생해요.

표현하고자 하는 내용이 공적 인물의 공적 활동에 대한 것이라면 **표현의 자유**를 명예권보다 우선시할 수 있어요. 하지만 아무리 공적 관심사라 하더라도, 거짓말을 하거나 악의적으로 지나치게 공격하는 것은 형사상 명예훼손죄로 처벌될 수 있답니다. 그런 경우에는 명예권이 더 보호되는 거예요.

---

10) **대한민국헌법 제21조** ① 모든 국민은 언론·출판의 자유와 집회·결사의 자유를 가진다.
11) **대한민국헌법 제21조** ② 언론·출판에 대한 허가나 검열과 집회·결사에 대한 허가는 인정되지 아니한다.

그러나 학교 임원 회의는 신문 기사를 심사하는 일을 그만두지 않았어요. 코순이와 숭이가 강하게 반대했기 때문이에요. 양이의 기사는 여전히 신문에 실리지 않았어요.

 양이는 별이와 함께 점심시간에 운동장에 나가 행동에 나서기로 했어요. 두 사람은 표현의 자유를 지키기 위한 구호를 외치기 시작했어요.

 코순이와 숭이는 그런 행동 역시 임원 회의의 허락을 받아야 한다고 주장했어요.

급기야 임원 회의 친구들이 운동장으로 나와서 양이와 별이의 피켓을 빼앗고 강제로 두 사람을 교실로 데려갔어요.

양이는 더 이상 참을 수가 없었어요. 민주주의를 지키기 위해서라면 무슨 수를 써서라도 코순이와 숭이의 임원 자격을 박탈하고, 임원 선거를 다시 열어야겠다고 생각했어요. 임원 회의가 강제로 피켓을 빼앗았듯이, 강제적인 방법을 써서라도 말이에요.

강제적인 힘으로 코순이와 숭이를 임원의 자리에서 끌어내릴 수 있을까요?

피켓을 들고, 구호를 외치는 것은 학교 헌장 제21조 제1항에서 보장하는 표현의 자유야. 미리 허락을 받을 필요가 없다고!

맞아, 미리 허락받게 하는 것은 학교 헌장 제21조 제2항을 정면으로 위반하는 일이야.

이렇게 가다가는 임원 중심 학교가 되어 버리고 말겠어. 우리 학교의 민주주의가 무너지고 있다고.

선생님 말씀

　여러 사람이 함께 모여서 피켓을 들고 구호를 외치는 것을 '집회'라고 해요. '집회의 자유'는 헌장 제21조 제1항에서 보장하고 있는 학생의 기본권이에요.
　학생들이 일시적으로 모이면 '집회'라고 하고, '계속적'인 단체를 만들면 '결사'라고 해요. 집회나 결사는 '표현의 자유' 중 하나여서 언론·출판의 자유와 마찬가지로 허락을 받게할 수 없어요.
　따라서 임원 회의에서 양이와 별이의 피켓을 강제로 빼앗고 그들을 고실로 데려간 행동은 '표현의 자유'를 침해하는 일이에요.
　게다가 양이 말대로 학생들은 학고의 주권자로서 학고 헌장의 민주주의 질서를 무너뜨리려는 임원에 대해 강제적인 힘으로도 '저항'할 수 있어요. 하지만, 그런 '저항'은 헌장 질서를 지키기 위한 마지막 방법으로 사용해야 해요.
　양이와 별이는 자신들의 권리와 헌장 질서를 지키기 위한 방법이 더 있을지 좀 더 고민해 보기로 했어요.

어린이 로스쿨

집회 · 결사의 자유 & 저항권

'언론 · 출판의 자유'가 '집단적'으로 표현된 것이 **집회 · 결사의 자유**예요. 집회 · 결사에 대한 사전허가제는 헌법 위반이에요.

양이는 물리적인 힘을 써서 코순이와 숭이를 임원직에서 끌어내리고 다시 선거를 개최할 수 있을까요? 양이가 주장하는 것은 바로 **저항권**이에요. 주권자 국민이 헌법 질서를 파괴하고 침해하려는 국민의 대표나 국가기관에 대하여 최후의 무기로서 행사할 수 있는 권리이지요. **저항권**의 역사는 헌법 전문에도 나와 있어요.[12]

저항권은 엄격한 요건 아래에서만 행사되어야 해요. 국가기관이 민주주의 질서를 크게 침해하고, 헌법 자체를 부정하여 명백하게 불법적인 일을 벌이려고 할 때 **저항권**을 쓸 수 있어요. 그것도 다른 합법적인 방법으로는 헌법 질서를 지킬 수 없을 경우에만 이를 사용할 수 있어요.

저항권은 원칙적으로 평화적인 방법으로 사용해야 해요. **저항권**이라 하더라도 폭력적인 방법이 정당화되는 것은 아니에요. 어쩔 수 없는 부득이한 경우가 아니라면 말이지요.

12) 헌법 전문*

유구한 역사와 전통에 빛나는 우리 대한국민은 3·1운동**으로 건립된 대한민국임시정부의 법통과 불의에 항거한 4·19**민주이념을 계승하고, 조국의 민주개혁과 평화적 통일의 사명에 입각하여 정의·인도와 동포애로써 민족의 단결을 공고히 하고, 모든 사회적 폐습과 불의를 타파하며, 자율과 조화를 바탕으로 자유민주적 기본질서를 더욱 확고히 하여 정치·경제·사회·문화의 모든 영역에 있어서 각인의 기회를 균등히 하고, 능력을 최고도로 발휘하게 하며, 자유와 권리에 따르는 책임과 의무를 완수하게 하여, 안으로는 국민생활의 균등한 향상을 기하고 밖으로는 항구적인 세계평화와 인류공영에 이바지함으로써 우리들과 우리들의 자손의 안전과 자유와 행복을 영원히 확보할 것을 다짐하면서 1948년 7월 12일에 제정되고 8차에 걸쳐 개정된 헌법을 이제 국회의 의결을 거쳐 국민투표에 의하여 개정한다.

* '헌법 전문'이란 헌법 맨 앞에 위치하여 우리 대한민국헌법의 유래와 기본 원리, 기본 가치 등을 정하고 있는 헌법의 서문이랍니다.
** 3·1운동은 전 국민이 일본의 식민지 지배에 저항하여 일으킨 항일독립운동이고, 4·19혁명은 학생과 시민이 중심이 되어 독재 정권에 항거하여 일으킨 민주주의 운동이에요!

한편, 코순이와 숭이는 자신들에 대한 여론이 좋지 않은 것을 느꼈어요. 아무도 두 사람을 좋은 눈길로 바라보지 않았어요.

결국 두 사람은 임원 회의의 사전 심사나 허락 없이 신문에 기사를 내거나 집회를 하는 데에 동의할 수밖에 없었어요.

이제야 양이의 기사가 신문에 실리게 되었어요.

야호! 드디어 되찾은 표현의 자유!

코순이는 벌점 내용을 공개할 수밖에 없었어요. 지금까지 받은 벌점은 총 27점이었어요. 그리고 문자 메시지로 반 친구에 대한 거짓 소문을 퍼뜨린 일로 조사를 받고 있다는 사실도 공개했어요. 잘못이 인정되면 벌점을 5점 더 받게 되는 상황이었어요.

벌점이 30점을 넘으면 회장직을 잃는 거 아니야?

코순이는 성실하게 조사를 받을 것이고, 자기는 결백하니 벌점을 더 받지 않을 거라고 강조하였어요.

코순이가 회장직을 잃게 되면 같은 조였던 숭이도 부회장직을 잃게 될 거예요. 숭이는 걱정이 태산이었어요. 임원 임기가 석 달 정도 남았는데, 여기서 물러나게 된다면 새로 임원으로 뽑힌 친구들이 최선을 다할 것인지 의문이었어요. 차라리 자기가 임원으로서 최선을 다하는 게 나을 것 같았어요.

숭이는 고민 끝에 선생님을 찾아가 코순이를 용서해 달라고 부탁드리기로 했어요.

숭이는 선생님께 자신의 생각을 말씀드리고 코순이를 용서해 달라고 부탁해도 될까요?

코순이에게 벌점을 주느냐 마느냐 조사하는 일은 네가 관여할 일이 아니야. 우리는 반을 위해 일하라고 너를 부회장으로 뽑았어. 회장을 위해 일하라고 뽑은 게 아니야.

벌점 조사에 관여하겠다고 한 적은 없어. 부회장으로서 우리 학급을 위해 내 생각을 선생님께 전달할 수 있지 않을까 생각해 본 것뿐이야. 선생님께서 내 말을 무조건 들어주실 리도 없고.

조사에 조금이라도 영향을 미칠 수 있는 일은 하지 않는 게 바람직하다고 생각해. 임원이 벌점 조사에 대한 의견을 낸다면, 그 결과는 공정하지 않게 될 거야.

임기가 석 달 정도밖에 안 남았어. 선거를 다시 해도 바뀐 임원들이 제대로 일을 할 거라는 보장도 없잖아? 처음부터 반을 맡은 게 아니니까 무슨 일이든 그냥 흘러가는 대로 둘지도 몰라. 나는 우리 반을 위해서 옳다고 여겨지는 일을 선생님께 말씀드리려고 한 거야.

중요한 건 코순이에 대한 '공정한 조사'야. 선거와 조사는 서로 다른 문제야. 조사는 조사대로 공정하게 진행되어야 한다고 생각해. 코순이와 숭이가 임원 자격을 상실해서 다시 선거를 해야 한다면 어쩔 수 없는 일이지.

너무 무책임한 말 아니니? 선거가 다시 열리면 우리 반이 혼란에 빠질 거야. 그걸 알면서도 가만히 있어야 한다는 거야?

너는 어떻게 생각하니?

선생님 말씀

법학초등학고는 간접민주제, 즉 대의제를 채택하고 있어요. 그런데 우리가 대표를 뽑아서 그 사람이 학고의 모든 일을 다 하게 한다면 어떻게 될까요? 대표가 회장 일도 하고 벌점 조사까지 다 하게 된다면 말이죠.

대표가 벌점을 받을 행동을 했다면 과연 자신에게 공정하게 벌점을 줄 수 있을까요? 대표는 학고 규칙에서 완전히 벗어날 수 있을 것이고, 다른 학생들의 자유와 권리를 소홀히 다루거나 침해해도 이를 막기가 어려울 거예요. 마치 독재 학고처럼 변하게 되는 거죠.

그래서, 우리 학고는 학고의 업무 담당을 나누어 놓았어요. 임원에게는 임원의 일만 하게 하고, 벌점 조사는 선생님만 할 수 있도록 말이에요. 임원이 벌점 받을 일을 하면 선생님이 조사해서 벌점을 줄 수 있어요. 누구나 규칙을 따르는 학고가 되기 위해서는 이렇게 학고의 업무 담당을 나누어 놓는 것이 반드시 필요해요.

따라서, 선생님은 그 누구의 간섭도 받지 않고 벌점을 조사할 수 있어야 해요. 선생님은 '독립'하여 사건을 조사해서 벌점을 부여해야 하는 거예요. 현재 조사 중인 사건에 대해 임원이 선생님께 의견을 전하는 것은 그 자체로 선생님의 '독립성'을 흔들리게 할 수 있어요. 숭이가 코순이의 사건에 대해 선생님께 부탁을 드리는 것은 바람직하지 못해요.

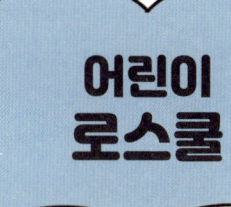 

어린이 로스쿨
삼권분립의 원칙 & 사법권의 독립

대한민국은 '법치국가'예요. '법에 의해 다스림을 받는 국가'라는 뜻이지요. 국민의 자유와 권리를 보호하기 위해서 '법의 지배'를 받는 거예요.

법의 지배는 '권력분립의 원칙'에 의해 이루어져요. 권력분립은 국가의 권력이 국민의 자유와 권리를 침해하거나 억압하지 못하도록 나누어 놓는 걸 뜻해요.

법률을 만드는 권한인 '입법권'은 '국회'[13]에, 그 법률을 집행하는 권한인 '행정권'은 '대통령'을 가장 높은 자리에 두는 '정부'[14]에, 재판하는 권한인 '사법권'은 '법원'에 각각 두고 있어요.

입법권, 행정권, 사법권, 세 개의 권력을 다른 기관에 나누어 두고 있어서 **삼권분립의 원칙**이라고 해요. '국회'와 '정부', '법원'은 삼권분립의 틀 안에서 서로 '견제와 균형', '조화와 협조'를 이루며 국민의 자유와 권리를 보호하고 있답니다.

다만, '사법권'은 다른 기관보다 '독립성'이 더 잘 지켜질 필요가 있어요. 공정한 '재판'을 통해서 국민의 자유와 권리를 보장해야 하기 때문이에요. 이것을 따로 **사법권의 독립**이라고 불러요. '법원'은 '국회'나 '정부'로부터 독립되며, '법관' 즉 '판사'는 '국회'나 '정부'의 명령이나 지시, 간섭을 받지 않고 헌법과 법률에 의하여 '법조인으로서의 객관적 양심'에 따라 심판할 수 있어야 해요.[15]

---
13) **대한민국헌법 제40조** 입법권은 국회에 속한다.
14) **대한민국헌법 제66조** ④ 행정권은 대통령을 수반으로 하는 정부에 속한다.
15) **대한민국헌법 제103조** 법관은 헌법과 법률에 의하여 그 양심에 따라 독립하여 심판한다.

[법학초등학교 헌장 제12조]

제1항 누구든지 규칙과 절차에 의하지 않고는 벌점을 부여받지 아니한다.

[법학초등학교 헌장 제27조]

제1항 모든 학생은 선생님에 의하여 규칙에 의한 벌점 조사를 받을 권리를 가진다.

제3항 모든 학생은 신속하게 벌점 조사를 받을 권리를 가진다.

제4항 벌점 조사를 받는 학생은 벌점 부여가 확정될 때까지는 결백한 것으로 추측된다.

학급 회의 시간이 되었어요. 아직 코순이에 대한 벌점 조사는 진행 중이에요.
 코순이와 숭이는 회의를 진행하려고 교실 앞으로 나가려고 했어요. 이때 양이와 별이가 자리에서 일어나 코순이는 회의를 진행할 자격이 없다고 말했어요. 벌점 조사가 끝나 결백한 것으로 확정되기 전까지는 임원 일을 할 수 없다고 주장했어요.
 코순이와 숭이는 어찌할 바를 모르고 그 자리에 서 있기만 했어요.

벌점 조사를 받고 있는 코순이는 회의를 진행할 자격이 없는 걸까요?

코순이는 벌점을 추가로 받게 되면, 임원 자격을 잃게 되잖아. 앞으로 임원을 할 수 있을지 없을지도 모르는데 계속해서 임원 일을 맡는다는 건 바람직하지 않은 것 같아.

아직 조사 중이잖아? 벌점을 부여받은 것도, 임원 자격을 잃은 것도 아니야. 아무것도 정해진 게 없다고.

코순이가 임원 자격이 '없다'고 말한 게 아니야. 벌점 조사가 진행 중이니까 결백한 것으로 확정되기 전까지 임원 자격은 '정지'해야 하는 게 아니냐는 거지. 결백한 것으로 밝혀지면 그때 다시 임원 일을 하면 되잖아.

내 잘못이 없는 것으로 밝혀지면, 임원 자격 '정지'가 나한테 억울한 일이 되는 거잖아? 잘못한 일도 없는데 임원 자격을 행사하지 못했던 게 되니까. 그게 더 불합리한 것 아니니? 난 결백하다고!

그건 벌점 조사를 받을 일을 저지른 네 탓이지.
어쨌든 조사를 받고 있는 건 사실이잖아.
네가 아무 일도 없는 것처럼 임원 회의를
진행하고 일을 처리하는 게 바람직하다는 거니?

너는 어떻게 생각하니?

선생님 말씀

모든 학생은 '공정하게' 벌점 조사를 받을 권리를 가져요. 학생이라면 누구나 가지는 기본권이지요. 그런데 '공정하게' 조사를 받는다는 건 어떤 의미일까요?

조사를 받는 학생에게는 결백을 주장할 수 있는 권리가 보장되어야 해요. 충분히 자기 사정을 얘기할 수 있도록 기회를 줘야 한다는 거죠. 말할 기회를 주지도 않고 공정하게 조사했다고 할 수는 없을 거예요.

학교 헌장 제12조 제1항은 규칙과 정해진 절차에 의해서만 벌점을 부여할 수 있다고 정하고 있어요. 그러지 않고 아무렇게나 벌점을 부여한다면 공정하게 조사받을 권리를 침해하는 거예요.

이때 선생님은 그 학생을 '벌점을 받을' 사람이라고 생각하고 조사해야 할까요, 아니면 아직 '결백'한 사람이라고 생각하고 조사해야 할까요?

벌점을 받을 학생이라고 생각하고 조사한다면, 학생의 얘기를 들어볼 필요가 없을 거예요. 마음속에 결과를 정해 놓은 거나 마찬가지니까요. 이렇게 되면 조사가 '공정'하게 이루어지기 힘들어요.

따라서, 벌점 조사를 받는 학생은 벌점 부여가 '확정'될 때까지는 결백한 것으로 추측되어야 해요. 선생님은 조사받는 학생이 '결백'하다고 생각하고 조사를 해야 그 학생의 얘기를 더 많이 들어보려 할 것이고, 그것을 바탕으로 '규칙과 절차에 따르는' '공정'한 조사를 할 수 있을 거예요.

코순이는 벌점 부여가 확정될 때까지는 결백한 학생으로 대우받아야 해요. 결백을 충분히 주장할 수 있도록 공정한 조사를 받을 권리가 보장되어야 하기 때문이에요. 따라서 코순이가 벌점 조사를 받고 있다는 사실만으로 임원 자격을 정지시킬 수는 없답니다.

어린이 로스쿨

재판청구권 & 적법절차의 원리

　모든 국민은 '판사'에 의해 '법률'에 의한 재판을 받을 권리, 즉 **재판청구권**을 기본권으로 가져요.[16] 판사가 아닌 사람에 의한 재판을 받거나, 법률에 의하지 않은 재판은 받지 않을 권리가 있는 거예요.

　재판청구권에는 공정하고 신속한 공개재판을 받을 권리가 포함돼요.[17] 헌법 제27조 제3항은 '공정한 재판'에 대해 직접적으로 정하고 있지는 않지만, 국민의 권리를 보호하기 위해서는 재판이 공정해야 하는 것이 당연하므로, '공정한 재판'을 받을 권리도 헌법상 **재판청구권**에 포함되는 거예요.

　'공개재판'은 재판 과정을 국민에게 널리 알림으로써 재판의 '공정성'을 보장하는 거예요. 하지만, 아무리 공정하다고 하더라도 재판이 오래 걸려서 재판받는 사람을 힘들게 하면 안 되겠지요? 그래서 '신속한 재판'을 받을 권리도 함께 보장하고 있어요.

　우리 헌법은 **재판청구권**이라는 국민의 기본권을 잘 보장하기 위해서 누구든지 법률과 적법한 절차에 의하지 않고는 처벌받지 않을 것을 분명히 밝히고 있어요.[18] 이것을 **적법절차의 원리**라고 해요. 처벌을 하려면 법에서 정한 절차에 따르는 원리라고 할 수 있어요.

　'처벌'은 사람의 기본권을 제한하기 마련이에요. 사형에 처하는 것은 '생명권'을, 감옥에 가두는 것은 '신체의 자유'를, 벌금을 내게 하는 것은 '재산권'을 제한해요. 이렇게 중요한 '기본권'을 아무런 절차도 없이 제한하는 건 있을 수 없는 일이에요. 반드시 법에서 정한 절차를 따라야 해요.

---

[16] **대한민국헌법 제27조** ① 모든 국민은 헌법과 법률이 정한 법관에 의하여 법률에 의한 재판을 받을 권리를 가진다.
[17] **대한민국헌법 제27조** ③ 모든 국민은 신속한 재판을 받을 권리를 가진다. 형사피고인은 상당한 이유가 없는 한 지체없이 공개재판을 받을 권리를 가진다.
[18] **대한민국헌법 제12조** ① 모든 국민은 신체의 자유를 가진다. 누구든지 법률에 의하지 아니하고는 체포·구속·압수·수색 또는 심문을 받지 아니하며, 법률과 적법한 절차에 의하지 아니하고는 처벌·보안처분 또는 강제노역을 받지 아니한다.

헌법이 정하고 있는 적법절차의 원리에는 어떤 내용이 있을까요?

먼저 '묵비권'을 들 수 있어요. 자기에게 '불리한' 얘기는 입을 다물어 숨길 권리가 있는 거예요. 사람을 때리거나 협박해서 강제로 불리한 얘기를 하는 것 역시 적법절차의 원리를 위반하는 행위예요.[19]

또, 사람을 체포하거나 구속하려면 판사의 허가장, 즉 '영장'이 있어야 하고,[20] 누구든지 체포나 구속을 당하면 변호인의 도움을 받을 수 있어야 해요.[21] 원칙적으로 '영장' 없이 사람을 체포하거나 구속해서는 안 되며, 체포나 구속당한 사람에게 변호인의 도움을 받을 권리가 있다고 꼭 알려주어야 해요.

적법절차의 원리는 '무죄추정의 원칙'을 기초로 해요. 재판에서 '유죄 판결'이 '확정'되기 전까지는 무죄로 추정을 한다는 뜻이지요. 유죄 판결이 확정되지도 않았는데 사람을 범인으로 취급해서 불이익을 줄 수는 없어요.

19) **대한민국헌법 제12조** ② 모든 국민은 고문을 받지 아니하며, 형사상 자기에게 불리한 진술을 강요당하지 아니한다.
⑦ 피고인의 자백이 고문·폭행·협박·구속의 부당한 장기화 또는 기망 기타의 방법에 의하여 자의로 진술된 것이 아니라고 인정될 때 또는 정식재판에 있어서 피고인의 자백이 그에게 불리한 유일한 증거일 때에는 이를 유죄의 증거로 삼거나 이를 이유로 처벌할 수 없다.
20) **대한민국헌법 제12조** ③ 체포·구속·압수 또는 수색을 할 때에는 적법한 절차에 따라 검사의 신청에 의하여 법관이 발부한 영장을 제시하여야 한다. 다만, 현행범인인 경우와 장기 3년 이상의 형에 해당하는 죄를 범하고 도피 또는 증거인멸의 염려가 있을 때에는 사후에 영장을 청구할 수 있다.
21) **대한민국헌법 제12조** ④ 누구든지 체포 또는 구속을 당한 때에는 즉시 변호인의 조력을 받을 권리를 가진다. 다만, 형사피고인이 스스로 변호인을 구할 수 없을 때에는 법률이 정하는 바에 의하여 국가가 변호인을 붙인다.
⑤ 누구든지 체포 또는 구속의 이유와 변호인의 조력을 받을 권리가 있음을 고지받지 아니하고는 체포 또는 구속을 당하지 아니한다. 체포 또는 구속을 당한 자의 가족등 법률이 정하는 자에게는 그 이유와 일시·장소가 지체없이 통지되어야 한다.

[법학초등학교 헌장 제65조]

제1항 학급 임원이 그 직무를 집행함에 있어서 헌장이나 규칙을 위반한 때 학급은 탄핵 요청을 의결할 수 있다.

제2항 제1항의 탄핵 요청은 학급재적학생 $\frac{1}{3}$ 이상의 발의가 있어야 하며, 그 의결은 학급재적학생 과반수의 찬성이 있어야 한다.
다만, 총학생회장에 대한 탄핵 요청은 학교재적학생 과반수의 발의와 학교재적학생 $\frac{2}{3}$ 이상의 찬성이 있어야 한다.

제3항 탄핵 요청의 의결을 받은 자는 탄핵 심판이 있을 때까지 그 권한의 행사가 정지된다.

제4항 탄핵이 결정되면 임원직으로부터 파면된다.

양이는 학교에서 벌어지고 있는 일을 생각할 때마다 답답했어요. 코순이가 학교의 민주주의를 위협하고 벌점 조사를 받고 있는 것도 모자라, 숭이가 그 조사에 부당하게 개입까지 하려고 했다는 사실에 화가 났어요. 코순이와 숭이가 임원으로 일을 할 수 있다는 것이 부당하게 느껴졌어요. 그런데도 별이는 아직 저항권을 쓸 상황은 아니라고 하네요. 양이는 할 수 있는 일이 없다는 사실에 무력감을 느꼈어요.

너는 어떻게 생각하니?

선생님 말씀

학교 임원이 그 맡은 일을 하는 데 학교 헌장이나 규칙을 크게 위반하면 '탄핵'이라는 절차에 따라 더 이상 임원직을 못하도록 할 수 있어요. 탄핵이란 큰 잘못을 저지른 임원을 임원직에서 추방하는 제도랍니다.

학급 임원을 탄핵시키려면 학급 학생의 $\frac{1}{2}$을 넘는 찬성이 필요하고, 총학생회장 같은 학교 임원을 탄핵시키려면 학교 학생의 $\frac{2}{3}$ 이상이 찬성해서 탄핵을 요청해야 해요. 그렇게 탄핵이 요청되면, 임원은 탄핵이 결정될 때까지 역할이 정지된답니다.

탄핵 결정은 선생님들 회의에서 해요. 9명의 선생님들 중에서 6명 이상이 찬성해야 탄핵이 결정되죠. 탄핵이 결정되면 임원은 더이상 일을 하지 못해요. 반대로, 탄핵에 찬성하는 선생님이 6명이 되지 않으면 탄핵은 인정되지 않고, 임원은 다시 자기 일을 할 수 있게 돼요.

이러한 탄핵은 임원이 단순히 가벼운 규칙을 위반한 정도로는 인정되기 어려워요. 임원직을 더이상 수행할 수 없을 정도로 크게 규칙을 위반해야 탄핵 결정이 된답니다.

코순이와 숭이는 임원으로서 일을 할 수 없을 정도로 큰 잘못을 저질렀을까요? 둘은 학생들의 기본권인 알 권리, 표현의 자유를 침해했어요. 게다가 코순이는 여러 차례 규칙을 위반해서 벌점이 많이 쌓이기도 했지요. 반 친구들은 더이상 코순이와 숭이를 신뢰하지 않는 것 같네요. 둘은 임원 일을 할 자격을 잃은 것처럼 보여요.

그럼 선생님들 회의에서 어떻게 결정할지 기다려 보자고요.

어린이 로스쿨 — 탄핵

탄핵은 높은 지위에 있는 공무원이 일을 하다가 큰 잘못을 저지르면 특별한 절차를 통해 파면하는 제도랍니다. 파면이란 공무원의 직업을 박탈하는 처분이에요. 국민에 의하여 국가권력을 맡은 국가기관이나 공무원이 그 권한을 남용하여 헌법이나 법률을 위반하면 그 권한을 도로 빼앗을 수 있답니다.

우리 헌법은 탄핵 심판을 청구하는 소추 권한은 국회에 주고, 탄핵을 결정하는 심판 권한은 헌법재판소에 주고 있어요.

탄핵소추의 결정은 국회 재적 의원 $\frac{1}{2}$을 넘는 수의 찬성이 있어야 하는데, 대통령의 경우는 $\frac{2}{3}$ 이상의 찬성이 있어야 해요. 이렇게 탄핵소추가 결정되면 탄핵 대상자의 직무는 헌법재판소에서 탄핵심판이 내려질 때까지 정지된답니다.[22]

탄핵의 결정은 헌법재판관 9명 중 6명 이상의 찬성이 있어야 해요.[23] 그런데 탄핵의 결정은 탄핵 대상자의 중대한 법위반이 있는 경우에만 인정된다고 봅니다.

그렇다면 '중대한 법위반'이란 무엇일까요? 대통령의 경우 대통령직을 유지하는 것이 더 이상 헌법수호의 관점에서 용납될 수 없거나 대통령이 국민의 믿음을 배신하여 국가의 일을 담당할 자격을 잃는 경우를 들 수 있어요. 대통령이 자유민주적 기본질서를 위협하여 법치국가원리와 민주국가원리를 적극적으로 위반하는 경우, 헌법상 부여받은 지위를 남용하여 명백하게 국가의 이익을 해하는 경우, 국민을 탄압하여 국민의 기본권을 침해하는 경우 등이 있어요.

---

[22] **대한민국헌법 제65조** ① 대통령·국무총리·국무위원·행정각부의 장·헌법재판소 재판관·법관·중앙선거관리위원회 위원·감사원장·감사위원 기타 법률이 정한 공무원이 그 직무집행에 있어서 헌법이나 법률을 위배한 때에는 국회는 탄핵의 소추를 의결할 수 있다. ② 제1항의 탄핵소추는 국회 재적 의원 $\frac{1}{3}$ 이상의 발의가 있어야 하며, 그 의결은 국회 재적 의원 과반수의 찬성이 있어야 한다. 다만, 대통령에 대한 탄핵소추는 국회 재적 의원 과반수의 발의와 국회 재적 의원 $\frac{2}{3}$ 이상의 찬성이 있어야 한다. ③ 탄핵소추의 의결을 받은 자는 탄핵심판이 있을 때까지 그 권한행사가 정지된다. ④ 탄핵결정은 공직으로부터 파면함에 그친다. 그러나 이에 의하여 민사상이나 형사상의 책임이 면제되지는 아니한다.
[23] **대한민국헌법 제113조** ① 헌법재판소에서 법률의 위헌결정, 탄핵의 결정, 정당해산의 결정 또는 헌법소원에 관한 인용결정을 할 때에는 재판관 6인 이상의 찬성이 있어야 한다.

> **[법학초등학교 헌장 제25조]**
> 모든 학생은 규칙이 정하는 대로 임원 직무 담당권을 가진다.

> **[법학초등학교 헌장 제37조]**
> 제2항 학생의 모든 자유와 권리는 학교안전보장·질서유지 또는 공공복리를 위하여 필요한 경우에 한하여 규칙으로써 제한할 수 있으며, 제한하는 경우에도 자유와 권리의 본질적인 내용을 침해할 수 없다.

양이와 별이는 친구들을 열심히 설득했어요. 코순이와 숭이가 하루 빨리 탄핵되어야 한다고 말이지요. 반 친구들 역시 코순이와 숭이의 문제에 대해 잘 알고 있었어요.

결국 코순이와 숭이의 탄핵 요청은 투표수 21대 9로 통과되었고, 코순이와 숭이의 임원직은 선생님들 회의에서 탄핵이 결정될 때까지 정지되었답니다.

하지만 코순이와 숭이도 가만히 있지는 않았어요. 선생님들에게 가서 탄핵이 되어서는 안 된다며 강하게 자신들을 변호했어요.

특히 코순이는 벌점 30점을 넘으면 임원 자격을 잃게 하는 '임원 규칙'이 학교 헌장 제25조가 보장하고 있는 임원 직무 담당권을 침해한다고 주장했어요. 학생의 기본권을 침해하는 '임원 규칙'은 무효이고, 따라서 자신이 벌점 30점을 넘더라도 여전히 임원의 자격을 유지해야 한다고 말했어요.

벌점에 따라 임원 자격을 잃게 만드는
'임원 규칙'은 임원 직무 담당권을 침해하는
것일까요?

맞아, 헌장에는 모든 학생이 임원 직무 담당권이라는 기본권을 가진다고 나와 있어. 임원 규칙에 따라서 벌점을 가지고 '자동적으로' 임원 자격을 잃게 만드는 건 헌장이 정한 학생의 기본권을 침해하는 거야.

학교 헌장은 우리 학교의 최고 규범이잖아. 헌장보다 아래에 있는 임원 규칙이 헌장의 내용을 위반하면, 그 규칙은 무효야.

학교 헌장 제25조는 '규칙이 정하는 대로' 임원 직무 담당권을 가진다고 했어. 임원 규칙이 자동적으로 임원 자격을 잃도록 정하고 있으면 그렇게 하라는 것 같은데?

너는 어떻게 생각하니?

선생님 말씀

　　모든 학생은 임원 직무 담당권이라는 기본권을 가져요. 그런데, 기본권은 무제한으로 보장되는 게 아니에요. 학교의 안전이나 질서를 지키기 위해서, 또는 학생 전체의 이익을 위해서 꼭 필요한 경우라면 학생의 기본권도 제한될 수 있어요. 학교 헌장 제37조 제2항에서 정하고 있듯이 말이에요.

　　하지만 기본권을 무제한으로 제한할 수는 없겠지요? 기본권 제한은 반드시 '규칙'에 의해서, 꼭 '필요한 경우'에만, 기본권의 '핵심적'이고 '본질적'인 내용은 건드리지 않는 범위에서 이루어져야 해요. 헌장에서 허용하는 범위를 넘어서면 기본권의 제한이 아니라 침해이기 때문에 무효예요.

　　그런데 기본권의 제한이 꼭 '필요한 경우'인지 아닌지와 기본권의 '본질적'인 내용을 침해하는 것인지 아닌지는 어떻게 판단할 수 있을까요?

　　기본권을 제한했을 때 얻을 수 있는 '공적 이익'과 기본권을 제한받게 되는 학생의 '사적 손해'를 비교해서, '공적 이익'이 '사적 손해'보다 크거나 같다면 그 제한은 기본권의 '본질적'인 내용을 침해하는 것이 아닌 것으로 본답니다. 서로의 이익과 손해를 비교해서 판단하는 거죠.

　　그렇다면 벌점 30점이 넘는 학생에게 임원의 자격을 잃게 하는 '임원 규칙'은 코순이의 임원 직무 담당권을 침해할까요? 코순이에게 임원 일을 더 이상 하지 못하게 하는 경우에 반 학생들이 얻을 이익과 코순이가 받는 손해를 비교해 보아야겠네요.

　　임원은 자신을 위해서가 아니라 반 전체의 이익을 위하여 맡겨진 일을 해요. 임원은 반 학생들이 믿고 일을 맡길 수 있는 학생이어야 하겠지요. 그런데 그 임원이 벌점을 30점 이상을 받았다면 어떨까요? 학생들이 그 임원을 믿고 반 전체의 일을 맡길 수 있을까요?

반 학생들의 믿음이 코순이에게 임원 일을 맡기지 못할 정도로 떨어진다면 코순이에게 임원 일을 맡기지 않는 것이 반 학생들을 위한 것일 테죠.

따라서 벌점 30점을 받은 학생이 임원 자격을 자동적으로 잃게 하는 '임원 규칙'은 코순이의 임원 직무 담당권의 본질적인 내용을 침해하는 것이 아니에요. 합리적인 기본권의 제한으로 볼 수 있답니다.

어린이 로스쿨

기본권의 제한 : 공무담임권

　모든 국민은 공무원이 될 수 있고, 공무원 자격을 유지할 수 있는 기본권이 있어요. 이를 **공무담임권**이라고 불러요.[24] 공무원의 자격을 정당하지 않게 빼앗기거나 잃게 해서는 안 돼요.

　기본권은 최대한 보장되어야 하는 것이 원칙이에요. 하지만 기본권이라고 해서 언제나 무조건 보장되는 것은 아니랍니다. 헌법 질서를 비롯해 국가의 안전과 평화로운 사회질서, 공공복리, 즉 국민 전체에 공통되는 이익을 위해서라면 기본권도 '제한'될 수 있어요.

　그리고 그 '제한'은 반드시 '필요한 경우'에만 국회에서 만든 '법률'로 이루어져야 해요. 또 기본권의 '본질적'인 내용을 침해하지 않는 범위 내에서 이루어져야만 해요.[25]

　'대한민국헌법'은 우리나라의 최고 법이에요. 법 중에서 가장 높은 단계에 있는 법이지요. 따라서, 그보다 아래 단계에 있는 '법률'이 '헌법'에서 보장하고 있는 기본권의 본질적인 내용을 침해한다면, 그 '법률'은 위헌으로 효력이 없는 거예요. 그렇다면 기본권을 제한하는 법률을 '위헌'이라고 판단하는 기준은 무엇일까요?

　먼저 법률이 기본권을 '지나치게' 제한한 것은 아닌지를 판단해요. 이것을 '과잉금지의 원칙'이라고 불러요. 지나치게 기본권을 제한한다면 기본권의 본질적인 내용을 침해하는 것이니까요. '지나치게' 제한한 것인지 아닌지는 어떻게 판단할까요?

　여기에는 네 가지 기준이 있답니다. '목적의 정당성', '방법의 적절성', '피해의 최소성', '법익의 균형성'이에요.

　'목적의 정당성'이란 말 그대로 기본권을 제한하려고 하는 목적이 정당한가를 따지는 것이에요.

　'방법의 적절성'은 기본권의 제한이 그 목적을 이루는 데 정말 필요한 것이고 효과적인 것인가 살피는 거예요.

　'피해의 최소성'이란 목적을 달성할 수 있는 여러 가지 방법 중에서 국민에게 가장 피해가 적은 방법을 선택하고 있느냐 하는 문제예요.

---

24) **대한민국헌법 제25조** 모든 국민은 법률이 정하는 바에 의하여 공무담임권을 가진다.
25) **대한민국헌법 제37조** ② 국민의 모든 자유와 권리는 국가안전보장·질서유지 또는 공공복리를 위하여 필요한 경우에 한하여 법률로써 제한할 수 있으며, 제한하는 경우에도 자유와 권리의 본질적인 내용을 침해할 수 없다.

끝으로 '법익의 균형성'이란, 기본권을 제한함으로써 보호하려는 공공의 이익과 제한되는 개인의 이익을 서로 비교하여 공공의 이익이 개인의 이익보다 큰 것인가를 따지는 문제랍니다.

다시 말해 기본권을 제한하고자 하는 목적이 국가안전보장이나 질서유지, 또는 공공복리를 위한 것이 아니라면 '목적의 정당성'을 인정할 수 없으므로 '위헌'이에요. 목적을 달성하기 위해 필요한 것도, 효과적인 것도 아닌데 굳이 기본권을 제한한다면 '방법의 적절성'을 인정할 수 없으므로 '위헌'이고요. 목적 달성을 위해 기본권을 덜 제한하여 국민에게 주는 피해를 줄일 수 있었는데도 그렇게 하지 않았다면 '피해의 최소성'을 인정할 수 없어 '위헌'이에요. 끝으로, 기본권의 제한으로 보호하려는 공공의 이익이 제한되는 개인의 이익보다 크지 않다면, 그 기본권의 제한은 '법익의 균형성'을 잃어서 '위헌'이에요.

이 네 가지 기준을 모두 통과해야 '합헌적'인 기본권 제한으로 인정된답니다. 앞에서 선생님께서 말씀하신 대로, 벌점 30점을 받은 학생에게 임원의 자격을 자동으로 잃게 하는 '임원 규칙'은 위 네 가지 기준을 모두 충족하는군요.

드디어 탄핵 심판의 날.

"학급 임원 코순이와 숭이를 파면한다."

선생님들 9명의 만장일치로 탄핵이 결정되었어요. 선생님들은 코순이와 숭이가 임원 일을 더 할 수 없을 정도로 학교 헌장과 규칙을 크게 위반했다고 판단하신 거예요.

게다가 코순이는 양이가 자기 손목시계를 훔치려고 했다는 거짓 사실을 숭이에게 퍼뜨린 일로 벌점 5점이 확정되었답니다.

코순이와 숭이는 임원 자격을 잃었어요. 코순이와 숭이는 자신들의 잘못을 인정하고, 결과를 받아들였어요.

결국 임원을 새로 뽑기 위해 선거를 하게 되었어요. 선거 결과 양이와 별이 조가 당선되었어요. 양이가 회장, 별이가 부회장을 맡게 되었어요.

> **[법학초등학교 헌장 제10조]**
> 학교의 모든 구성원은 인간으로서의 존엄과 가치를 가지며,
> 행복을 추구할 권리를 가진다.

얼마 전 학교 건물 뒤편에 선생님들이 담배를 피우는 장소가 생겼어요. 그런데 하필 그 장소가 양이네 교실에서 가까웠어요. 쉬는 시간 창문을 열어 놓으면 담배 연기가 교실로 들어오는 일이 잦았어요. 학생들은 담배 연기 때문에 콜록거리며 기침을 했어요.

양이와 별이는 이 일을 그냥 두고 볼 수가 없었어요. 선생님들께 학교 안에서 담배를 피우지 말아 달라고 강력하게 요청했답니다. 건물 뒤편은 물론이고 학교 전체에서 말이에요.

학생들은 박수를 쳤지만 선생님들은 난처한 표정을 지었어요.

양이와 별이의 요청은 받아들여질까요?

쉬는 시간마다 담배 연기 때문에 괴로워! 학생들을 위해서라면 선생님들이 학교에서 담배를 피우면 안 되는 거잖아?

선생님들도 원하는 걸 할 자유가 있어. 학교 전체에서 담배를 못 피우게 하는 건 좀 지나친 것 같아.

맞아, 선생님들도 행복을 추구할 권리가 있어. 담배 연기를 마시기 싫다고 선생님들의 기본권을 침해하면 안 될 것 같아.

학생들도 담배 연기를 마시지 않고 행복을 추구할 권리가 있어. 담배 연기 때문에 건강이 나빠질 것 같단 말이야.

선생님 말씀

　학교 헌장 제10조는 학교의 모든 구성원은 '인간으로서의 존엄과 가치'를 가진다고 밝히고 있어요. 학교 구성원들은 모두 고귀한 '인간'으로서 대우받아야 하는 거예요.

　이를 위해서는 헌장에서 정해 놓은 기본권들을 '침해'받지 않아야 해요. 학교 헌장 제10조에서 밝히고 있는 '인간으로서의 존엄과 가치'라는 기본권은 가장 기초가 되는 기본권이에요. 여기에는 '생명'을 침해받지 않을 권리와 '건강'할 권리도 포함된답니다.

　또한, 학교 헌장 제10조는 모든 학교의 구성원이 '행복을 추구할 권리'를 가진다고 밝히고 있어요. 행복을 추구할 권리란 행복하게 살기 위해서 '자유롭게 행동할 수 있는 권리'를 말해요.

　학교 헌장 제17조 '사생활의 자유'에 다른 학생의 권리를 침해하지 않는 한 자유롭게 행동할 수 있는 자유가 포함된다고 했었지요. '행복을 추구할 권리'란 헌장에 나와 있지 않는 '자유권'까지 모두 포함하는 개념이랍니다.

　학생들이 담배 연기를 마시지 않을 권리, 담배 연기를 마심으로써 건강이나 생명에 대해 위협을 받지 않을 권리와 선생님들이 자유롭게 담배를 피울 권리가 서로 충돌하고 있군요.

　결론은 간단해요. '생명'이나 '건강'에 대한 기본권은 담배를 자유롭게 피울 기본권보다 더 중요한 권리랍니다. 보다 높은 기본권을 낮은 기본권보다 우선시하면 되는 거예요.

　학생들은 선생님들에게 학교 안에서 담배를 피우지 말 것을 요구할 수 있고, 선생님들은 그 요구를 받아들여야 해요.

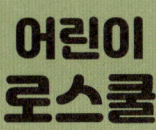

어린이 로스쿨

기본권의 충돌 : 인간의 존엄과 가치 VS 행복추구권

대한민국헌법 제10조는 "모든 국민은 인간으로서의 존엄과 가치를 가지며, 행복을 추구할 권리를 가진다"고 정하고 있어요.[26]

인간으로서의 존엄과 가치를 가진다는 것은 모든 국민이 자주적인 인격체로서 대우받을 권리가 있고, 그 권리는 국가가 국민에 대하여 어떠한 작용을 할 때에 가장 기본적으로 고려되고 최대한 실현되도록 해야 한다는 거예요.

인간의 존엄과 가치는 우리 헌법의 근본이 되는 가치예요. 인격을 침해받지 않을 권리인 '인격권'은 물론, 모든 기본권의 시작인 '생명권' 역시 **인간의 존엄과 가치**에서 나오는 거예요.

또한, 헌법 제10조는 **행복추구권**을 정해 놓고 있어요. '행복'의 의미는 사람마다 차이가 있겠지만 보통 '몸과 마음이 편안하고 즐거운 상태'를 말해요. 그런 상태에서 살기 위해 하고 싶은 행동을 자유롭게 하고, 하기 싫은 행동은 하지 않을 자유까지 포함하는 개념이에요. 우리 헌법에서는 많은 자유를 보장해 놓고 있지만, **행복추구권**은 헌법에 나와 있지 않은 자유권까지 모두 포함하는 자유권이에요.

이런 기본권들이 서로 충돌할 때에는 어떻게 해야 할까요?

먼저 서로 충돌하는 기본권 '이익'을 비교하여 해결하는 방법이 있어요. 이것을 '이익형량의 원칙'이라고 해요. 그중에서 상위의 기본권을 하위의 기본권보다 우선하는 방법을 '상위 기본권 우선의 원칙'이라고 해요.

하지만 충돌하는 기본권들 중 어떤 기본권이 더 높은 기본권인지 알 수 없다면 어떻게 해야 할까요? 이런 경우에는 양쪽을 조금씩 제한해서 두 기본권이 조화를 이룰 수 있도록 해결해 나가요. 이것을 '규범 조화적 해석의 원칙'이라고 해요. 물론 '이익형량의 원칙'과 '규범 조화적 해석의 원칙'을 섞어서 해결할 수도 있어요.

그럼, 선생님들이 자유롭게 담배를 피울 수 있는 권리인 '흡연권'과 학생들이 담배 연기

---

26) **대한민국헌법 제10조** 모든 국민은 인간으로서의 존엄과 가치를 가지며, 행복을 추구할 권리를 가진다. 국가는 개인이 가지는 불가침의 기본적 인권을 확인하고 이를 보장할 의무를 진다.

를 싫어하여 거부할 수 있는 권리인 '혐연권'이 서로 충돌할 때에는 어떻게 해결해야 할까요?

'흡연권'의 헌법적 근거는 자유롭게 행동할 수 있는 권리에 있고, '혐연권'은 인간의 존엄과 가치, 생명권, 건강권에 그 근거를 두고 있어요. 어떤 기본권이 상위 기본권인지 쉽게 알 수 있겠지요?

따라서, 선생님들이 담배를 자유롭게 피울 수 있는 권리는 학생들의 생명과 건강을 보호받을 권리에 의해 제한될 수 있어요. 담배를 자유롭게 피울 수 있는 권리는 생명권과 건강권보다 낮은 기본권이기 때문이에요.

[법학초등학교 헌장 제31조]
제1항 학교의 모든 구성원은 능력에 따라 균등하게 교육을 받을 권리를 가진다.

이제 선생님들은 담배를 피우려면 학교 밖으로 나가야 해요. 담배를 피우는 선생님들은 그런 학교의 결정을 받아들일 수 없다며 반발했어요. 급기야 학교 내 흡연 구역을 만들어 줄 때까지 수업을 거부하기로 했답니다.

선생님들에게 수업을 거부할 권리가 있을까요?

선생님들이 수업을 거부하면, 우리는 공부를 안 해도 되는 건가?

학교 헌장 제31조 제1항은 교육을 '받을' 권리가 있다고 정해 놓고 있어. 여기에서 정하고 있는 것은 학생의 수업 '받을' 권리이지, 선생님들이 수업을 '할' 권리가 아니야.

선생님들이 수업을 해 주셔야 학생들이 수업을 받을 수 있잖아. 동전의 양면 같은 것이지. 학생이든 선생님이든 교육에 대해서는 모두 기본권을 가지는 거야. 선생님도 정당한 이유가 있으면 수업을 거부할 권리가 있는 거야.

선생님 말씀

학교 현장의 '교육을 받을 권리'의 주인은 '학생'이에요. 헌장에서 보장하고 있는 것은 말 그대로, 교육을 '받을' 권리인 거예요. 그러니 선생님들이 수업을 '할' 권리는 헌장에서 보장하는 권리가 아니에요.

만약, 헌장 제31조 제1항의 기본권에 선생님들이 수업을 할 권리가 포함된다고 하더라도, 이를 가지고 학생들의 수업받을 권리를 침해할 순 없어요. 교육을 계속하게 하느냐의 문제는 학교의 일 중에서 무엇보다 중요하고, 교육에 대한 학생들의 권리가 선생님들의 권리보다 중요하기 때문이에요.

교육을 받을 권리

대한민국헌법은 **교육을 받을 권리**를 보장하고 있어요.[27] 헌법상 보장된 기본권은 학생의 '학습권'이지 선생님의 '수업권'이 아니에요.

선생님의 '수업권'을 **교육을 받을 권리**, 또는 그와 비슷한 기본권으로 본다고 하여도 '수업권' 거부는 학생들의 '학습권'과 정면으로 충돌하게 될 거예요.

기본권 충돌의 해결 방법으로 학생들의 '학습권' 이익과 선생님들의 '수업권' 이익을 비교해 보면, '학습권'이 '수업권'보다 중요해요. 교육의 중요성과 공공성이 강조되기 때문이에요. 따라서 선생님들의 '수업권'은 학생들의 '학습권'을 위해 제한될 수밖에 없어요. 선생님들은 자신들의 '수업권'을 내세워 학생들의 '학습권'을 침해할 수 없어요.

---

27) **대한민국헌법 제31조** ① 모든 국민은 능력에 따라 균등하게 교육을 받을 권리를 가진다.

법학초등학교 친구들은 여러 가지 사건을 겪으며 학교 헌장에 대해 잘 이해하게 되었어요. 비록 우여곡절이 있었지만 학생들이 누리는 기본권이 얼마나 소중한 것인지 더 잘 깨닫게 되었지요.

그래서 학생들은 학교의 주인으로서 자신들의 권리를 지키기 위해 열심히 노력한답니다.

양이와 별이는 남은 학기 동안 열심히 임원 활동을 했어요. 한동안 갈등을 겪었던 코순이와 숭이도 둘을 응원하고 도와주었어요.

학교 신문에는 학생들의 다양한 의견과 생각에 관한 기사가 자유롭게 실리게 되었어요. 건물 옥상에는 선생님들을 위한 흡연실이 생겼답니다.

법학초등학교 학생들의 지혜롭고 용기 있는 행동으로 모두가 행복한 학교가 되었군요!

어린이 로스쿨 ❷
법학 교수가 들려주는 헌법과 똑똑한 학교생활

글 류동훈 · 그림 김소희
1판 1쇄 펴낸날 2025년 4월 15일 | **펴낸이** 이현성 | **펴낸곳** 길벗어린이㈜ | **등록번호** 제10-1227호
등록일자 1995년 11월 6일 | **주소** 03986 서울특별시 마포구 월드컵북로8길 25, 3층 | **대표전화** 02-6353-3700 | **팩스** 02-6353-3702
홈페이지 www.gilbutkid.co.kr | **편집** 송지현 이미정 서진원 임하나 황설경 박소현 김지원 | **디자인** 여YEO디자인 김연수 송윤정
마케팅 호종민 이가윤 최윤경 김연서 강경선 | **경영지원본부** 김혜윤 전예은 | **제조국명** 대한민국
ISBN 978-89-5582-788-0, 73360

글 ⓒ 류동훈 2025
그림 ⓒ 김소희 2025

이 책은 저작권법에 따라 보호 받는 저작물이므로 저작권자와 길벗어린이㈜의 허락 없이는 이 책의 내용을 쓸 수 없습니다.